EN APPLICATION DE L'ART. L.137-2.-I. DU CODE DE LA PROPRIÉTÉ INTELLECTUELLE, TOUTE REPRODUCTION ET/OU DIVULGATION DE PARTIES DE L'OEUVRE DÉPASSANT LE VOLUME PRÉVU PAR LA LOI EST EXPRESSÉMENT INTERDITE

© 2024, BOOKS OF LIFE
ÉDITION : BOD · BOOKS ON DEMAND GMBH, IN DE TARPEN 42,
22848 NORDERSTEDT (ALLEMAGNE)
IMPRESSION : LIBRI PLUREOS GMBH, FRIEDENSALLEE 273,
22763 HAMBURG (ALLEMAGNE)
ISBN : 978-2-3224-9828-4
DÉPÔT LÉGAL : NOVEMBRE 2024

MES CONCERTS

ARTISTE

NOM DE LA TOURNÉE **PREMIÈRE PARTIE**

DATE **MON PLACEMENT**

VILLE **NOMBRE DE FOIS OÙ J'AI VU CET/CETTE ARTISTE**

LIEU **J'Y SUIS ALLÉ AVEC**

MEILLEUR MOMENT DE LA SOIRÉE **COMMENTAIRES**

AMBIANCE GÉNÉRALE	◯	◯	**MISE EN SCÈNE**
PREMIÈRE PARTIE	◯	◯	**SETLIST**
PERFORMANCE DE L'ARTISTE	◯	◯	**ORGANISATION DE L'ÉVÉNEMENT**

1= INCROYABLE 2= BIEN 3= MOYEN 4= MAUVAIS

NOTE GLOBALE

ARTISTE

NOM DE LA TOURNÉE

PREMIÈRE PARTIE

DATE

MON PLACEMENT

VILLE

NOMBRE DE FOIS OÙ J'AI VU CET/CETTE ARTISTE

LIEU

J'Y SUIS ALLÉ AVEC

MEILLEUR MOMENT DE LA SOIRÉE

COMMENTAIRES

- AMBIANCE GÉNÉRALE ( )   ( ) MISE EN SCÈNE
- PREMIÈRE PARTIE ( )   ( ) SETLIST
- PERFORMANCE DE L'ARTISTE ( )   ( ) ORGANISATION DE L'ÉVÉNEMENT

1= INCROYABLE 2= BIEN 3= MOYEN 4= MAUVAIS

NOTE GLOBALE

☆ ☆ ☆ ☆ ☆

ARTISTE

NOM DE LA TOURNÉE

PREMIÈRE PARTIE

DATE

MON PLACEMENT

VILLE

NOMBRE DE FOIS OÙ J'AI VU CET/CETTE ARTISTE

LIEU

J'Y SUIS ALLÉ AVEC

MEILLEUR MOMENT DE LA SOIRÉE

COMMENTAIRES

AMBIANCE GÉNÉRALE	( )	MISE EN SCÈNE	( )
PREMIÈRE PARTIE	( )	SETLIST	( )
PERFORMANCE DE L'ARTISTE	( )	ORGANISATION DE L'ÉVÉNEMENT	( )

1= INCROYABLE 2= BIEN 3= MOYEN 4= MAUVAIS

NOTE GLOBALE

ARTISTE

NOM DE LA TOURNÉE

PREMIÈRE PARTIE

DATE

MON PLACEMENT

VILLE

NOMBRE DE FOIS OÙ J'AI VU CET/CETTE ARTISTE

LIEU

J'Y SUIS ALLÉ AVEC

MEILLEUR MOMENT DE LA SOIRÉE

COMMENTAIRES

AMBIANCE GÉNÉRALE	◯	◯	MISE EN SCÈNE
PREMIÈRE PARTIE	◯	◯	SETLIST
PERFORMANCE DE L'ARTISTE	◯	◯	ORGANISATION DE L'ÉVÉNEMENT

1= INCROYABLE 2= BIEN 3= MOYEN 4= MAUVAIS

NOTE GLOBALE

ARTISTE

NOM DE LA TOURNÉE **PREMIÈRE PARTIE**

DATE **MON PLACEMENT**

VILLE **NOMBRE DE FOIS OÙ J'AI VU CET/CETTE ARTISTE**

LIEU **J'Y SUIS ALLÉ AVEC**

MEILLEUR MOMENT DE LA SOIRÉE **COMMENTAIRES**

AMBIANCE GÉNÉRALE ( )	( ) MISE EN SCÈNE
PREMIÈRE PARTIE ( )	( ) SETLIST
PERFORMANCE DE L'ARTISTE ( )	( ) ORGANISATION DE L'ÉVÉNEMENT

1= INCROYABLE 2= BIEN 3= MOYEN 4= MAUVAIS

NOTE GLOBALE

ARTISTE

NOM DE LA TOURNÉE

PREMIÈRE PARTIE

DATE

MON PLACEMENT

VILLE

NOMBRE DE FOIS OÙ J'AI VU CET/CETTE ARTISTE

LIEU

J'Y SUIS ALLÉ AVEC

MEILLEUR MOMENT DE LA SOIRÉE

COMMENTAIRES

AMBIANCE GÉNÉRALE	⭕	⭕	MISE EN SCÈNE
PREMIÈRE PARTIE	⭕	⭕	SETLIST
PERFORMANCE DE L'ARTISTE	⭕	⭕	ORGANISATION DE L'ÉVÉNEMENT

1= INCROYABLE 2= BIEN 3= MOYEN 4= MAUVAIS

NOTE GLOBALE

ARTISTE

NOM DE LA TOURNÉE   **PREMIÈRE PARTIE**

DATE   **MON PLACEMENT**

VILLE   **NOMBRE DE FOIS OÙ J'AI VU CET/CETTE ARTISTE**

LIEU   **J'Y SUIS ALLÉ AVEC**

MEILLEUR MOMENT DE LA SOIRÉE   **COMMENTAIRES**

AMBIANCE GÉNÉRALE	◯	◯	MISE EN SCÈNE
PREMIÈRE PARTIE	◯	◯	SETLIST
PERFORMANCE DE L'ARTISTE	◯	◯	ORGANISATION DE L'ÉVÉNEMENT

1= INCROYABLE 2= BIEN 3= MOYEN 4= MAUVAIS

NOTE GLOBALE

ARTISTE

NOM DE LA TOURNÉE **PREMIÈRE PARTIE**

DATE **MON PLACEMENT**

VILLE **NOMBRE DE FOIS OÙ J'AI VU CET/CETTE ARTISTE**

LIEU **J'Y SUIS ALLÉ AVEC**

MEILLEUR MOMENT DE LA SOIRÉE **COMMENTAIRES**

AMBIANCE GÉNÉRALE	◯	◯	MISE EN SCÈNE
PREMIÈRE PARTIE	◯	◯	SETLIST
PERFORMANCE DE L'ARTISTE	◯	◯	ORGANISATION DE L'ÉVÉNEMENT

1= INCROYABLE 2= BIEN 3= MOYEN 4= MAUVAIS

NOTE GLOBALE

ARTISTE

NOM DE LA TOURNÉE

PREMIÈRE PARTIE

DATE

MON PLACEMENT

VILLE

NOMBRE DE FOIS OÙ J'AI VU CET/CETTE ARTISTE

LIEU

J'Y SUIS ALLÉ AVEC

MEILLEUR MOMENT DE LA SOIRÉE

COMMENTAIRES

AMBIANCE GÉNÉRALE ○	○ MISE EN SCÈNE
PREMIÈRE PARTIE ○	○ SETLIST
PERFORMANCE DE L'ARTISTE ○	○ ORGANISATION DE L'ÉVÉNEMENT

1= INCROYABLE 2= BIEN 3= MOYEN 4= MAUVAIS

NOTE GLOBALE

ARTISTE

NOM DE LA TOURNÉE   **PREMIÈRE PARTIE**

DATE   **MON PLACEMENT**

VILLE   **NOMBRE DE FOIS OÙ J'AI VU CET/CETTE ARTISTE**

LIEU   **J'Y SUIS ALLÉ AVEC**

MEILLEUR MOMENT DE LA SOIRÉE   **COMMENTAIRES**

AMBIANCE GÉNÉRALE ◯	◯ MISE EN SCÈNE
PREMIÈRE PARTIE ◯	◯ SETLIST
PERFORMANCE DE L'ARTISTE ◯	◯ ORGANISATION DE L'ÉVÉNEMENT

1= INCROYABLE 2= BIEN 3= MOYEN 4= MAUVAIS

NOTE GLOBALE

ARTISTE

NOM DE LA TOURNÉE **PREMIÈRE PARTIE**

DATE **MON PLACEMENT**

VILLE **NOMBRE DE FOIS OÙ J'AI VU CET/CETTE ARTISTE**

LIEU **J'Y SUIS ALLÉ AVEC**

MEILLEUR MOMENT DE LA SOIRÉE **COMMENTAIRES**

AMBIANCE GÉNÉRALE ○	○ MISE EN SCÈNE
PREMIÈRE PARTIE ○	○ SETLIST
PERFORMANCE DE L'ARTISTE ○	○ ORGANISATION DE L'ÉVÉNEMENT

1= INCROYABLE 2= BIEN 3= MOYEN 4= MAUVAIS

NOTE GLOBALE

ARTISTE

NOM DE LA TOURNÉE **PREMIÈRE PARTIE**

DATE **MON PLACEMENT**

VILLE **NOMBRE DE FOIS OÙ J'AI VU CET/CETTE ARTISTE**

LIEU **J'Y SUIS ALLÉ AVEC**

MEILLEUR MOMENT DE LA SOIRÉE **COMMENTAIRES**

AMBIANCE GÉNÉRALE ◯	◯	**MISE EN SCÈNE**
PREMIÈRE PARTIE ◯	◯	**SETLIST**
PERFORMANCE DE L'ARTISTE ◯	◯	**ORGANISATION DE L'ÉVÉNEMENT**

1= INCROYABLE 2= BIEN 3= MOYEN 4= MAUVAIS

NOTE GLOBALE
☆ ☆ ☆ ☆ ☆

ARTISTE

NOM DE LA TOURNÉE　　　　　　**PREMIÈRE PARTIE**

DATE　　　　　　**MON PLACEMENT**

VILLE　　　　　　**NOMBRE DE FOIS OÙ J'AI VU CET/CETTE ARTISTE**

LIEU　　　　　　**J'Y SUIS ALLÉ AVEC**

MEILLEUR MOMENT DE LA SOIRÉE　　　　　　**COMMENTAIRES**

AMBIANCE GÉNÉRALE ○	○ MISE EN SCÈNE
PREMIÈRE PARTIE ○	○ SETLIST
PERFORMANCE DE L'ARTISTE ○	○ ORGANISATION DE L'ÉVÉNEMENT

1= INCROYABLE 2= BIEN 3= MOYEN 4= MAUVAIS

NOTE GLOBALE

ARTISTE

NOM DE LA TOURNÉE

PREMIÈRE PARTIE

DATE

MON PLACEMENT

VILLE

NOMBRE DE FOIS OÙ J'AI VU CET/CETTE ARTISTE

LIEU

J'Y SUIS ALLÉ AVEC

MEILLEUR MOMENT DE LA SOIRÉE

COMMENTAIRES

AMBIANCE GÉNÉRALE ( )	( ) MISE EN SCÈNE
PREMIÈRE PARTIE ( )	( ) SETLIST
PERFORMANCE DE L'ARTISTE ( )	( ) ORGANISATION DE L'ÉVÉNEMENT

1= INCROYABLE 2= BIEN 3= MOYEN 4= MAUVAIS

NOTE GLOBALE

☆ ☆ ☆ ☆ ☆

ARTISTE

NOM DE LA TOURNÉE   **PREMIÈRE PARTIE**

DATE   **MON PLACEMENT**

VILLE   **NOMBRE DE FOIS OÙ J'AI VU CET/CETTE ARTISTE**

LIEU   **J'Y SUIS ALLÉ AVEC**

MEILLEUR MOMENT DE LA SOIRÉE   **COMMENTAIRES**

AMBIANCE GÉNÉRALE ○	○ MISE EN SCÈNE
PREMIÈRE PARTIE ○	○ SETLIST
PERFORMANCE DE L'ARTISTE ○	○ ORGANISATION DE L'ÉVÉNEMENT

1= INCROYABLE 2= BIEN 3= MOYEN 4= MAUVAIS

NOTE GLOBALE

ARTISTE

NOM DE LA TOURNÉE   **PREMIÈRE PARTIE**

DATE   **MON PLACEMENT**

VILLE   **NOMBRE DE FOIS OÙ J'AI VU CET/CETTE ARTISTE**

LIEU   **J'Y SUIS ALLÉ AVEC**

MEILLEUR MOMENT DE LA SOIRÉE   **COMMENTAIRES**

AMBIANCE GÉNÉRALE ○	○ MISE EN SCÈNE
PREMIÈRE PARTIE ○	○ SETLIST
PERFORMANCE DE L'ARTISTE ○	○ ORGANISATION DE L'ÉVÉNEMENT

1= INCROYABLE 2= BIEN 3= MOYEN 4= MAUVAIS

NOTE GLOBALE

ARTISTE

NOM DE LA TOURNÉE **PREMIÈRE PARTIE**

DATE **MON PLACEMENT**

VILLE **NOMBRE DE FOIS OÙ J'AI VU CET/CETTE ARTISTE**

LIEU **J'Y SUIS ALLÉ AVEC**

MEILLEUR MOMENT DE LA SOIRÉE **COMMENTAIRES**

AMBIANCE GÉNÉRALE ◯   ◯ **MISE EN SCÈNE**

PREMIÈRE PARTIE ◯   ◯ **SETLIST**

PERFORMANCE DE L'ARTISTE ◯   ◯ **ORGANISATION DE L'ÉVÉNEMENT**

1= INCROYABLE 2= BIEN 3= MOYEN 4= MAUVAIS

NOTE GLOBALE

ARTISTE

NOM DE LA TOURNÉE

PREMIÈRE PARTIE

DATE

MON PLACEMENT

VILLE

NOMBRE DE FOIS OÙ J'AI VU CET/CETTE ARTISTE

LIEU

J'Y SUIS ALLÉ AVEC

MEILLEUR MOMENT DE LA SOIRÉE

COMMENTAIRES

AMBIANCE GÉNÉRALE	◯	◯	MISE EN SCÈNE
PREMIÈRE PARTIE	◯	◯	SETLIST
PERFORMANCE DE L'ARTISTE	◯	◯	ORGANISATION DE L'ÉVÉNEMENT

1= INCROYABLE 2= BIEN 3= MOYEN 4= MAUVAIS

NOTE GLOBALE

ARTISTE

NOM DE LA TOURNÉE

PREMIÈRE PARTIE

DATE

MON PLACEMENT

VILLE

NOMBRE DE FOIS OÙ J'AI VU CET/CETTE ARTISTE

LIEU

J'Y SUIS ALLÉ AVEC

MEILLEUR MOMENT DE LA SOIRÉE

COMMENTAIRES

AMBIANCE GÉNÉRALE	◯	◯	MISE EN SCÈNE
PREMIÈRE PARTIE	◯	◯	SETLIST
PERFORMANCE DE L'ARTISTE	◯	◯	ORGANISATION DE L'ÉVÉNEMENT

1= INCROYABLE 2= BIEN 3= MOYEN 4= MAUVAIS

NOTE GLOBALE

ARTISTE

NOM DE LA TOURNÉE

PREMIÈRE PARTIE

DATE

MON PLACEMENT

VILLE

NOMBRE DE FOIS OÙ J'AI VU CET/CETTE ARTISTE

LIEU

J'Y SUIS ALLÉ AVEC

MEILLEUR MOMENT DE LA SOIRÉE

COMMENTAIRES

AMBIANCE GÉNÉRALE ◯	◯ MISE EN SCÈNE
PREMIÈRE PARTIE ◯	◯ SETLIST
PERFORMANCE DE L'ARTISTE ◯	◯ ORGANISATION DE L'ÉVÉNEMENT

1= INCROYABLE 2= BIEN 3= MOYEN 4= MAUVAIS

NOTE GLOBALE

ARTISTE

NOM DE LA TOURNÉE **PREMIÈRE PARTIE**

DATE **MON PLACEMENT**

VILLE **NOMBRE DE FOIS OÙ J'AI VU CET/CETTE ARTISTE**

LIEU **J'Y SUIS ALLÉ AVEC**

MEILLEUR MOMENT DE LA SOIRÉE **COMMENTAIRES**

AMBIANCE GÉNÉRALE	◯	◯	MISE EN SCÈNE
PREMIÈRE PARTIE	◯	◯	SETLIST
PERFORMANCE DE L'ARTISTE	◯	◯	ORGANISATION DE L'ÉVÉNEMENT

1= INCROYABLE 2= BIEN 3= MOYEN 4= MAUVAIS

NOTE GLOBALE

ARTISTE

NOM DE LA TOURNÉE **PREMIÈRE PARTIE**

DATE **MON PLACEMENT**

VILLE **NOMBRE DE FOIS OÙ J'AI VU CET/CETTE ARTISTE**

LIEU **J'Y SUIS ALLÉ AVEC**

MEILLEUR MOMENT DE LA SOIRÉE **COMMENTAIRES**

AMBIANCE GÉNÉRALE ◯	◯	MISE EN SCÈNE
PREMIÈRE PARTIE ◯	◯	SETLIST
PERFORMANCE DE L'ARTISTE ◯	◯	ORGANISATION DE L'ÉVÉNEMENT

1= INCROYABLE 2= BIEN 3= MOYEN 4= MAUVAIS

NOTE GLOBALE

ARTISTE

NOM DE LA TOURNÉE   **PREMIÈRE PARTIE**

DATE   **MON PLACEMENT**

VILLE   **NOMBRE DE FOIS OÙ J'AI VU CET/CETTE ARTISTE**

LIEU   **J'Y SUIS ALLÉ AVEC**

MEILLEUR MOMENT DE LA SOIRÉE   **COMMENTAIRES**

AMBIANCE GÉNÉRALE	◯	◯	**MISE EN SCÈNE**
PREMIÈRE PARTIE	◯	◯	**SETLIST**
PERFORMANCE DE L'ARTISTE	◯	◯	**ORGANISATION DE L'ÉVÉNEMENT**

1= INCROYABLE 2= BIEN 3= MOYEN 4= MAUVAIS

NOTE GLOBALE

ARTISTE

NOM DE LA TOURNÉE   **PREMIÈRE PARTIE**

DATE   **MON PLACEMENT**

VILLE   **NOMBRE DE FOIS OÙ J'AI VU CET/CETTE ARTISTE**

LIEU   **J'Y SUIS ALLÉ AVEC**

MEILLEUR MOMENT DE LA SOIRÉE   **COMMENTAIRES**

AMBIANCE GÉNÉRALE ( )	( ) MISE EN SCÈNE
PREMIÈRE PARTIE ( )	( ) SETLIST
PERFORMANCE DE L'ARTISTE ( )	( ) ORGANISATION DE L'ÉVÉNEMENT

1= INCROYABLE 2= BIEN 3= MOYEN 4= MAUVAIS

NOTE GLOBALE
☆ ☆ ☆ ☆ ☆

ARTISTE

NOM DE LA TOURNÉE

PREMIÈRE PARTIE

DATE

MON PLACEMENT

VILLE

NOMBRE DE FOIS OÙ J'AI VU CET/CETTE ARTISTE

LIEU

J'Y SUIS ALLÉ AVEC

MEILLEUR MOMENT DE LA SOIRÉE

COMMENTAIRES

AMBIANCE GÉNÉRALE	◯	◯ MISE EN SCÈNE
PREMIÈRE PARTIE	◯	◯ SETLIST
PERFORMANCE DE L'ARTISTE	◯	◯ ORGANISATION DE L'ÉVÉNEMENT

1= INCROYABLE 2= BIEN 3= MOYEN 4= MAUVAIS

NOTE GLOBALE

ARTISTE

NOM DE LA TOURNÉE   **PREMIÈRE PARTIE**

DATE   **MON PLACEMENT**

VILLE   **NOMBRE DE FOIS OÙ J'AI VU CET/CETTE ARTISTE**

LIEU   **J'Y SUIS ALLÉ AVEC**

MEILLEUR MOMENT DE LA SOIRÉE   **COMMENTAIRES**

AMBIANCE GÉNÉRALE ◯   ◯ **MISE EN SCÈNE**

PREMIÈRE PARTIE ◯   ◯ **SETLIST**

PERFORMANCE DE L'ARTISTE ◯   ◯ **ORGANISATION DE L'ÉVÉNEMENT**

1= INCROYABLE 2= BIEN 3= MOYEN 4= MAUVAIS

NOTE GLOBALE
☆ ☆ ☆ ☆ ☆

ARTISTE

NOM DE LA TOURNÉE

PREMIÈRE PARTIE

DATE

MON PLACEMENT

VILLE

NOMBRE DE FOIS OÙ J'AI VU CET/CETTE ARTISTE

LIEU

J'Y SUIS ALLÉ AVEC

MEILLEUR MOMENT DE LA SOIRÉE

COMMENTAIRES

AMBIANCE GÉNÉRALE	◯	MISE EN SCÈNE	◯
PREMIÈRE PARTIE	◯	SETLIST	◯
PERFORMANCE DE L'ARTISTE	◯	ORGANISATION DE L'ÉVÉNEMENT	◯

1= INCROYABLE 2= BIEN 3= MOYEN 4= MAUVAIS

NOTE GLOBALE

ARTISTE

NOM DE LA TOURNÉE　　　　　　　**PREMIÈRE PARTIE**

DATE　　　　　　　**MON PLACEMENT**

VILLE　　　　　　　**NOMBRE DE FOIS OÙ J'AI VU CET/CETTE ARTISTE**

LIEU　　　　　　　**J'Y SUIS ALLÉ AVEC**

MEILLEUR MOMENT DE LA SOIRÉE　　　　　　　**COMMENTAIRES**

AMBIANCE GÉNÉRALE ○	○ MISE EN SCÈNE
PREMIÈRE PARTIE ○	○ SETLIST
PERFORMANCE DE L'ARTISTE ○	○ ORGANISATION DE L'ÉVÉNEMENT

1= INCROYABLE 2= BIEN 3= MOYEN 4= MAUVAIS

NOTE GLOBALE

☆ ☆ ☆ ☆ ☆

ARTISTE

NOM DE LA TOURNÉE

PREMIÈRE PARTIE

DATE

MON PLACEMENT

VILLE

NOMBRE DE FOIS OÙ J'AI VU CET/CETTE ARTISTE

LIEU

J'Y SUIS ALLÉ AVEC

MEILLEUR MOMENT DE LA SOIRÉE

COMMENTAIRES

AMBIANCE GÉNÉRALE	○	○ MISE EN SCÈNE
PREMIÈRE PARTIE	○	○ SETLIST
PERFORMANCE DE L'ARTISTE	○	○ ORGANISATION DE L'ÉVÉNEMENT

1= INCROYABLE 2= BIEN 3= MOYEN 4= MAUVAIS

NOTE GLOBALE

ARTISTE

NOM DE LA TOURNÉE　　　　　　　**PREMIÈRE PARTIE**

DATE　　　　　　　**MON PLACEMENT**

VILLE　　　　　　　**NOMBRE DE FOIS OÙ J'AI VU CET/CETTE ARTISTE**

LIEU　　　　　　　**J'Y SUIS ALLÉ AVEC**

MEILLEUR MOMENT DE LA SOIRÉE　　　　　　　**COMMENTAIRES**

AMBIANCE GÉNÉRALE ( )	( ) MISE EN SCÈNE
PREMIÈRE PARTIE ( )	( ) SETLIST
PERFORMANCE DE L'ARTISTE ( )	( ) ORGANISATION DE L'ÉVÉNEMENT

1= INCROYABLE 2= BIEN 3= MOYEN 4= MAUVAIS

NOTE GLOBALE

ARTISTE

NOM DE LA TOURNÉE **PREMIÈRE PARTIE**

DATE **MON PLACEMENT**

VILLE **NOMBRE DE FOIS OÙ J'AI VU CET/CETTE ARTISTE**

LIEU **J'Y SUIS ALLÉ AVEC**

MEILLEUR MOMENT DE LA SOIRÉE **COMMENTAIRES**

AMBIANCE GÉNÉRALE	◯	◯	**MISE EN SCÈNE**
PREMIÈRE PARTIE	◯	◯	**SETLIST**
PERFORMANCE DE L'ARTISTE	◯	◯	**ORGANISATION DE L'ÉVÉNEMENT**

1= INCROYABLE 2= BIEN 3= MOYEN 4= MAUVAIS

NOTE GLOBALE

ARTISTE

NOM DE LA TOURNÉE **PREMIÈRE PARTIE**

DATE **MON PLACEMENT**

VILLE **NOMBRE DE FOIS OÙ J'AI VU CET/CETTE ARTISTE**

LIEU **J'Y SUIS ALLÉ AVEC**

MEILLEUR MOMENT DE LA SOIRÉE **COMMENTAIRES**

AMBIANCE GÉNÉRALE	◯	◯	MISE EN SCÈNE
PREMIÈRE PARTIE	◯	◯	SETLIST
PERFORMANCE DE L'ARTISTE	◯	◯	ORGANISATION DE L'ÉVÉNEMENT

1= INCROYABLE 2= BIEN 3= MOYEN 4= MAUVAIS

NOTE GLOBALE
☆ ☆ ☆ ☆ ☆

ARTISTE

NOM DE LA TOURNÉE

PREMIÈRE PARTIE

DATE

MON PLACEMENT

VILLE

NOMBRE DE FOIS OÙ J'AI VU CET/CETTE ARTISTE

LIEU

J'Y SUIS ALLÉ AVEC

MEILLEUR MOMENT DE LA SOIRÉE

COMMENTAIRES

AMBIANCE GÉNÉRALE ( )   MISE EN SCÈNE ( )

PREMIÈRE PARTIE ( )   SETLIST ( )

PERFORMANCE DE L'ARTISTE ( )   ORGANISATION DE L'ÉVÉNEMENT ( )

1= INCROYABLE 2= BIEN 3= MOYEN 4= MAUVAIS

NOTE GLOBALE

ARTISTE

NOM DE LA TOURNÉE

PREMIÈRE PARTIE

DATE

MON PLACEMENT

VILLE

NOMBRE DE FOIS OÙ J'AI VU CET/CETTE ARTISTE

LIEU

J'Y SUIS ALLÉ AVEC

MEILLEUR MOMENT DE LA SOIRÉE

COMMENTAIRES

AMBIANCE GÉNÉRALE ◯	MISE EN SCÈNE ◯
PREMIÈRE PARTIE ◯	SETLIST ◯
PERFORMANCE DE L'ARTISTE ◯	ORGANISATION DE L'ÉVÉNEMENT ◯

1= INCROYABLE 2= BIEN 3= MOYEN 4= MAUVAIS

NOTE GLOBALE
☆ ☆ ☆ ☆ ☆

ARTISTE

NOM DE LA TOURNÉE

PREMIÈRE PARTIE

DATE

MON PLACEMENT

VILLE

NOMBRE DE FOIS OÙ J'AI VU CET/CETTE ARTISTE

LIEU

J'Y SUIS ALLÉ AVEC

MEILLEUR MOMENT DE LA SOIRÉE

COMMENTAIRES

AMBIANCE GÉNÉRALE ◯		MISE EN SCÈNE
PREMIÈRE PARTIE ◯		SETLIST
PERFORMANCE DE L'ARTISTE ◯		ORGANISATION DE L'ÉVÉNEMENT

1= INCROYABLE 2= BIEN 3= MOYEN 4= MAUVAIS

NOTE GLOBALE

ARTISTE

NOM DE LA TOURNÉE

PREMIÈRE PARTIE

DATE

MON PLACEMENT

VILLE

NOMBRE DE FOIS OÙ J'AI VU CET/CETTE ARTISTE

LIEU

J'Y SUIS ALLÉ AVEC

MEILLEUR MOMENT DE LA SOIRÉE

COMMENTAIRES

- AMBIANCE GÉNÉRALE ( )
- PREMIÈRE PARTIE ( )
- PERFORMANCE DE L'ARTISTE ( )
- MISE EN SCÈNE ( )
- SETLIST ( )
- ORGANISATION DE L'ÉVÉNEMENT ( )

1= INCROYABLE 2= BIEN 3= MOYEN 4= MAUVAIS

NOTE GLOBALE

☆ ☆ ☆ ☆ ☆

ARTISTE

NOM DE LA TOURNÉE

PREMIÈRE PARTIE

DATE

MON PLACEMENT

VILLE

NOMBRE DE FOIS OÙ J'AI VU CET/CETTE ARTISTE

LIEU

J'Y SUIS ALLÉ AVEC

MEILLEUR MOMENT DE LA SOIRÉE

COMMENTAIRES

AMBIANCE GÉNÉRALE	○	○	MISE EN SCÈNE
PREMIÈRE PARTIE	○	○	SETLIST
PERFORMANCE DE L'ARTISTE	○	○	ORGANISATION DE L'ÉVÉNEMENT

1= INCROYABLE 2= BIEN 3= MOYEN 4= MAUVAIS

NOTE GLOBALE

ARTISTE

NOM DE LA TOURNÉE **PREMIÈRE PARTIE**

DATE **MON PLACEMENT**

VILLE **NOMBRE DE FOIS OÙ J'AI VU CET/CETTE ARTISTE**

LIEU **J'Y SUIS ALLÉ AVEC**

MEILLEUR MOMENT DE LA SOIRÉE **COMMENTAIRES**

AMBIANCE GÉNÉRALE ( ) ( ) **MISE EN SCÈNE**

PREMIÈRE PARTIE ( ) ( ) **SETLIST**

PERFORMANCE DE L'ARTISTE ( ) ( ) **ORGANISATION DE L'ÉVÉNEMENT**

1= INCROYABLE 2= BIEN 3= MOYEN 4= MAUVAIS

NOTE GLOBALE
☆ ☆ ☆ ☆ ☆

ARTISTE

NOM DE LA TOURNÉE

PREMIÈRE PARTIE

DATE

MON PLACEMENT

VILLE

NOMBRE DE FOIS OÙ J'AI VU CET/CETTE ARTISTE

LIEU

J'Y SUIS ALLÉ AVEC

MEILLEUR MOMENT DE LA SOIRÉE

COMMENTAIRES

AMBIANCE GÉNÉRALE	◯	◯	MISE EN SCÈNE
PREMIÈRE PARTIE	◯	◯	SETLIST
PERFORMANCE DE L'ARTISTE	◯	◯	ORGANISATION DE L'ÉVÉNEMENT

1= INCROYABLE 2= BIEN 3= MOYEN 4= MAUVAIS

NOTE GLOBALE

ARTISTE

NOM DE LA TOURNÉE　　　　　　**PREMIÈRE PARTIE**

DATE　　　　　　**MON PLACEMENT**

VILLE　　　　　　**NOMBRE DE FOIS OÙ J'AI VU CET/CETTE ARTISTE**

LIEU　　　　　　**J'Y SUIS ALLÉ AVEC**

MEILLEUR MOMENT DE LA SOIRÉE　　　　　　**COMMENTAIRES**

AMBIANCE GÉNÉRALE ◯　　◯ MISE EN SCÈNE

PREMIÈRE PARTIE ◯　　◯ SETLIST

PERFORMANCE DE L'ARTISTE ◯　　◯ ORGANISATION DE L'ÉVÉNEMENT

1= INCROYABLE 2= BIEN 3= MOYEN 4= MAUVAIS

NOTE GLOBALE
☆ ☆ ☆ ☆ ☆